DIE HÁVAMÁL

Odins Worte an die Menschheit

Bibliografische Information der Deutschen Nationalbibliothek
Die Deutsche Nationalbibliothek verzeichnet diese Publikation in der Deutschen Nationalbiografie.
Detaillierte bibliografische Daten sind im Internet unter http://dnb.d-nb.de abrufbar.

Bei Fragen und Anregungen:
info@asaheill.com

1. Auflage 2022

Autor: Anderson der Skalde

Weitere Informationen finden Sie unter www.asaheill.com

ISBN: 9783948713065

Über den Autor

Asaheil og Vana mein Freund. Mein Name ist Anderson der Skalde und ich habe es mir zum Ziel gesetzt, die Nordische Mythologie allen Menschen auf verständliche Weise näher zu bringen. Die Idee kam mir, als ich mich mit den alten Göttern, Ritualen und Texten erstmals näher beschäftigte. Ich war fasziniert und geradezu überrascht von den Erzählungen. So hatte ich mir nie vorstellen können, dass Religion und Humor Hand in Hand miteinander gehen können (*Loki sei dank*).

Viele Inhalte fand ich jedoch schwer zu verstehen. Manche Texte musste ich drei bis vier mal lesen, um nur annähernd eine Vorstellung davon zu bekommen, was mir der Autor mitteilen wollte. Dabei ist es sicher eine ehrwürdige Tat der Übersetzer jener Texte, wissenschaftlich möglichst präzise wiederzugeben, was einst niedergeschrieben wurde. Doch was nützt all die Präzision wenn der Leser nur die Hälfte davon versteht? Darüber grübelnd dachte ich mir eines Tages: „Es wird doch sicher auch anderen *Asatru*, *Heiden* & *Paganen* so gehen…“

So ward die Idee geboren, alte Texte in zeitgemäßer und junger Sprache zu verfassen und zu interpretieren. Ich trat in die Fußspuren alter Skalden und verfasse nunmehr alte Werke in einer allen verständlichen Sprache. Dabei lege ich viel Wert darauf, dass die eigentlichen Botschaften nicht verloren gehen.

So entstand auch das Buch, dass du nun in deinen Händen halten darfst: „Die Hávamál“. Es hat mich über ein Jahr an Zeit und Recherche gekostet, um die insgesamt 63 eddischen Gedichte zu interpretieren und neu zu fassen.

Doch ich werde hier nicht mit meiner Arbeit aufhören. Dies ist erst der Erste von einer ganzen Reihe von Bänden, die dir die alten Weisheiten näher bringen werden.

In diesem Sinne wünsche ich dir stets Asenheil und Vanensegen.

Mit den besten Grüßen,

Anderson der Skalden.

EINLEITUNG

Herzlichen Glückwunsch zu deiner persönlichen Ausgabe der Hávamál. Hierbei handelt es sich um nichts Geringeres, als die Ratschläge des Göttervaters Odin höchstselbst. Die 63 Gedichte sind direkt an dich gerichtet und helfen dir, ein ehrenvolles und von Erfolg gesegnetes Leben zu führen. Daher musst du die Hávamál auch nicht an einem Stück durchlesen: Schlage einzelne Themen dann nach, wenn der Weg deines Schicksals dich vor wichtige Entscheidungen führt.

Du wirst feststellen, dass sich die über 1.200 Jahre alten Texte lesen werden, als ob sie erst gestern verfasst wurden. Du wirst erstaunt sein, wie relevant die Inhalte der alten Schriften noch immer sind. Der Weg zum Glück, das Pflegen von Freundschaften oder auch der Umgang mit deinen Mitmenschen haben bis heute dieselbe Relevanz wie zur Hochzeit der Wikinger. Neben den göttlichen Weisungen findest du darüber hinaus Hintergrundwissen zur Hávamál, der Wortherkunft und vielem mehr.

Die Gedichte selbst sind dabei neu interpretiert und somit leichter zu verstehen. Dies war auch wesentlicher Beweggrund, dieses Buch neu zu fassen. Die meisten Fassungen der Hávamál sind nur schwer zu verstehen und reimen sich in den meisten Fällen nicht einmal. Dies mag an historisch korrekten Übersetzungen und Reimstrukturen liegen, machen das Lesen aber nicht gerade zum Hochgenuss.
Neben den neugefassten Versen findest du auch inhaltliche Kontexte zu jedem Gedicht. So wird dir eine Idee davon vermittelt, wie die Inhalte zur Zeit der Wikinger verstanden wurden und wie du die Ratschläge im Hier und Jetzt besser umsetzen kannst.

Somit steht deinem erfüllten und asentreuen Leben nichts mehr im Wege. Viel Freude mit deiner Ausgabe der Hávamál!

ÜBER DIE HÁVAMÁL

In diesem Kapitel erfährst du alles rund um die Hintergründe dieses Buches. Die Hávamál, die du vor dir liegen hast, stellt eine 63 Gedichte umfassende Neuinterpretation von alten Wikingerversen dar. Übersetzt bedeutet der Titel soviel wie „*Die Worte des Höchsten*". Dies ist eine direkte Anspielung auf den Allvater Odin selbst. Wenn man die Hávamál mit anderen Religionstexten gleich setzen würde, könnte man sie mit der Bibel, dem Koran oder den Veden vergleichen. Somit ist dieses Buch von unschätzbarem Wert für all jene, die sich zu den Asentreuen oder Pagenen zählen würden.

Ihre Ursprünge hat die 164 Strophen lange Originalfassung der Hávamál in der Lieder-Edda. Diese ist eine aus zwei Werken bestehende Sammlung von Schriften, welche sich um nordische Götter- und Heldensagen dreht. Man geht davon aus, dass die Hávamál mindestens seit dem 10. Jahrhundert bekannt gewesen sein muss. Dies belegen Schriften aus eben jener Zeit. Den wahren Ursprung der Werke vermag man jedoch bis heute nicht zu bestimmen. Einige Wissenschaftler gehen davon aus, dass die Texte in Norwegen oder Island verfasst wurden. Andere

Experten wiederum glauben, die Gedichte wurden auf den Britischen Inseln verfasst. Darüber hinaus ist man sich in Fachkreisen nicht einmal über den Verfasser einig. Manche glauben, dass die Gedichte eine Ansammlung von volkstümlichen Liedern sind. Andere wiederum sehen deutliche christliche Einflüsse aus den Jahren 700-900 nach Christus.
Eines ist jedoch sicher: Grundstein für das Gedankengut und die Geisteshaltung aller Verse sind der Glauben und die Überzeugungen der Wikingerära. Diese fand zwischen 800-1000 nach Christus statt und wird bis heute in Büchern, Filmen und Liedern thematisiert.

Spannend an der Hávamál ist, dass diese weder Sagen, Mythen oder Helden behandelt, sondern aus relativ konkreten Aussagen besteht. Somit haben die Verse eine besondere Stellung in den Eddischen Liedern inne, die ansonsten nur aus fantastischen Geschichten bestehen. Die Hávamál diente so als Inspiration für unzählige Generationen und ist bis heute anwendbar. Viele der Texte sind erstaunlich aktuell, sodass man ihr Alter kaum glauben mag. Die Verse sind geprägt von einem positiven Menschenbild. Der idealtypische Wikinger ist nach den Gedichten ein guter Gastgeber, der Freundschaften pflegt, zuhören kann, sich stets bildet, Maß halten kann und seine Feinde genauestens

im Blick behält. Selbst Themen wie Gier, Selbstüberschätzung oder das morgendliche Frühstück werden behandelt.
Die Hávamál ist zusammenfassend eine der wichtigsten Schriften aus der Hochzeit der Wikinger. Unabhängig vom Verfasser oder Entstehungsort spiegeln die Gedichte Odins Worte wider, mit welchen er dir nur das Beste auf deinem Lebensweg wünscht.

Auf ein ruhmreiches und langes Leben!

DIE WORTE ODINS

Im Folgenden findest du die 63 Gedichte der Hávamál. Bei dieser Neufassung wurde bewusst auf die alten Reimstrukturen verzichtet, um die Verse leichter verständlich zu machen. Dennoch orientieren sich die Inhalte sehr genau an den Originaltexten. Darüber hinaus findest du zu jedem Gedicht eine passende Interpretation, die dir einen Einblick in den historischen Kontext zur Hochzeit der Wikinger gewährt. Ebenfalls findest du konkrete Ideen und Vorschläge, wie du die Worte Odins auch in deinem Alltag des 21. Jahrhunderts umsetzen kannst. Auf diese Weise kannst du Inspirationen sammeln und deinen eigenen Wertekodex für ein asentreues Leben besser ausarbeiten.

SEI WACHSAM!

Einem Ausgang sei Dir stets gewahr.

Betritt einen Raum und halt' Ausschau

nach Gefahr.

Ein Feind versteckt sich manches

Mal viel zu nah.

In der Hochphase der Wikingerzeit, die zwischen 800 bis 1000 n.Chr. lag, ging es rau her. Daher ist dieser Ratschlag aus der Hávamál an all jene gerichtet, die sich vor rachsüchtigen und anderen feindseligen Zeitgenossen in Acht nehmen müssen.

Wenn du stets einen Fluchtweg im Auge behältst, egal ob in einem Raum oder auf deinem Weg des Lebens, kannst du dich flink und wendig einer gar unheilvollen Situation entziehen. Halte dir einen alternativen Plan bereit: Egal, was du auch tust. Sei dir vor allem gewahr, dass zahlreiche Menschen danach streben, dir Unheil zu bringen. Schärfe deine Augen, Ohren und vor allem deinen Verstand - wie das Schwert kurz vor der Schlacht.
Und halte vor allem Ausschau nach denen, die dir nahe stehen. Manch einer, den du Bruder oder Schwester nennst, trachtet dir nach deinem Vermögen, deinen Beziehungen oder sogar deinem Leben.

Sei wachsam!

EIN GAST

Es grüßt freundlich ein Gast.
Nach langem Marsch sucht er nach Rast.
Biete ihm rasch eine gemütliche Bank.
Sonst blüht Ärger, der Ungeduld des Gastes sei verdankt.

Damals waren Reisende auf die Gastfreundschaft von in der Umgebung liegenden Einheimischen angewiesen. Wenn man diese Wanderer dann zu sich einlud, ziemte es sich, ihnen rasch einen Platz zum Ruhen anzubieten. Das Gefühl, im Raum zu stehen und nicht beachtet zu werden, mochte noch nie irgendjemand.

Dies kannst du sowohl auf deine alltäglichen Gäste wie deine Familie, aber auch auf wirkliche Reisende beziehen. Wenn deine Mutter dich besucht, freut sie sich über einen nett gedeckten Kaffeetisch. Deine Großmutter ist tatsächlich dankbar für einen Stuhl, auf dem sie ihre alten Knochen ausruhen kann.

Solltest du Reisende aufnehmen, zum Beispiel über Airbnb, dann freuen sich auch diese, wenn du sie nicht einfach im Raum stehen lässt. Zeige ihnen, wo sie schlafen werden, wo das Bad ist und biete ihnen einen Platz für einen kurzen Plausch an.

Niemand steht gerne allein gelassen im Raum!

EIN WARMER PLATZ

Mache Platz an deiner Feuerstelle.
Der Fremde wärmt sich gerne
an des Feuers Helle.
Auch über Kost und Kleidung
freut er sich sehr.
Sein Weg über’s Land
war lang und schwer.

Als Reisender war man zur Zeit der Wikinger, wie bereits erwähnt, auf die Gastfreundschaft anderer angewiesen. Neben einem zugewiesenen Platz ziemte es sich natürlich, dem neu Hinzugestoßenen auch Zugang zu einem wärmenden Feuer, wohltuendem Honigwein, einem sättigenden Stück Fleisch und auch Kleidung zu verschaffen.

Dies solltest auch du so handhaben. Vermutlich wirst du keine offene Feuerstelle anbieten können, aber gut geheizte Räume, ein frisches Bier und eine warme Suppe sind für deine Gäste sicher nicht zu viel verlangt.

Ob du deinem Besuch obendrein Kleidung anbietest, ist natürlich abhängig davon, wie gut du ihn kennst. Jeder freut sich aber über eine gemütliche Jogginghose oder einen warmen Pullover - insbesondere wenn der Besuch spontan oder gar hastig vonstattenging.

Grundsätzlich solltest du deinem Gast soviel anbieten, wie es dir möglich ist. Dies lässt einen Funken Wärme überspringen.

Biete deinem Gast Wärme und etwas zu essen!

GASTFREUNDSCHAFT

Nach langem Marsches Wege,
biete Deinem Gast Wasser und ein Hand-
tuch zur Pflege.
Spende ein, zwei warme Worte.
Dann lasse Ruhe einkehren hinter
Deiner Pforte.

Neben zünftiger Nahrung, einem Platz am Feuer und etwas Gutem zu trinken war es natürlich auch schon damals gute Sitte, dem Gast ein Handtuch zum Waschen anzubieten. Ebenso freute sich jeder Wandernde über frisches Wasser. Auch ein paar Fragen zum Beginn und Ziel der Reise zeigten aufrichtiges Interesse am Gast. Doch auch die Wikinger mochten keine Vielschwätzer. Ruhe ist Balsam für die Seele.

Wenn du demnach einen Reisenden aufnimmst, sollst du auch heute noch für ein frisches und trockenes Handtuch sorgen. Ebenso ist eine Flasche Wasser eine stets gern gesehene Offerte von dir an deinen Besuch.

Du solltest auch definitiv ein paar Fragen an deinen Gast richten. Achte stets darauf, dass diese nicht von zu persönlicher Natur oder gar aufdringlich sind.

Wisse auch, wann es Zeit ist, deinen Besuch in Ruhe zu lassen. Viele Reisende sind erschöpft und freuen sich über ein wenig Stille. Wenn sich jemand zurückziehen will, lasse ihn gewähren.

Sorge für frisches Wasser, ein frisches Tuch und für Ruhe!

KLUGHEIT

Führe einen scharfen Verstand,
und rede stets nur relevant.
Spott erntet, wer dies nicht macht,
weil er zu wenig nachgedacht.

Besonders in den ehrenhaften Runden der Wikinger war es von Vorteil, nur dann zu sprechen, wenn man etwas Relevantes beizutragen hatte. Dummschwätzer mochte man weder damals noch heute.

Darum ist Odins Ratschlag an all jene gerichtet, die gerne reden. Überlege dir ganz genau, wann du etwas Sinnvolles zu einem Gespräch beitragen kannst und wann nicht. Zuzuhören verschafft dir nur Vorteile. Zum einen lernst du unter Umständen neue Dinge und Sachverhalte. Wissen ist Macht.
Zum anderen verrätst du auf diese Weise nicht zu viel von dir selbst. Somit bist du deinem Gesprächspartner stets überlegen. Übe aktiv, anderen Menschen zuzuhören und selbst weniger von dir preiszugeben. Du wirst es nicht bereuen.

Handle klug und höre zu!

BESCHEIDENHEIT

Seinen eigenen Verstand zu preisen, ist
kein löbliches Verhalten.
In fremden Haus schützt ein bescheidener
Auftritt vor grimmigen Gestalten.
Wenn du einen treuen Gefährten suchst,
sind Vernunft und Menschenverstand das
beste Gut.

Ein Wikinger, der seinen eigenen Scharfsinn zu sehr anpreist, ist sicher ein Narr gewesen. Was mit Narren geschah, kann man sich selbst ausmalen. Daher lautet Odins Ratschlag in diesem Falle, einen ruhigen und bescheidenen Auftritt an den Tag zu legen.

Auch heutzutage schätzt man niemanden wert, der sich selbst als besonders gebildet oder intelligent bezeichnet. Selbst wenn dies so ist, verliert man auf diese Weise das Ansehen seiner Mitmenschen.

Daher solltest du stets darauf achten, nicht in zu hohen Tönen von dir selbst zu sprechen. Lass dies andere Menschen für dich übernehmen. Man redet vor allem dann gut über dich, wenn du Taten Worten vorziehst.

Sei bescheiden!

BESONNENHEIT

Ein kluger Mann sitzt an der Tafel besonnen und still.

Das tut er, weil er viele Herzen gewinnen will.

Besonnenheit wirkt wie Magie auf die Menschen um einen herum.

Nutze diese Angewohnheit und bleibe öfters stumm.

Schon damals haben besonnene und verschwiegene Menschen anziehend auf ihr Umfeld gewirkt. Das Mysteriöse macht interessant.

Daher lautet Odins Ratschlag, dass du dich besonnen und still geben sollst. Du wirst eine magische Ausstrahlung erzeugen, die dich im Geschäfts- und Privatleben unwiderstehlich macht.

Einer der vielen positiven Merkmale dieser Eigenschaft ist unter anderem, dass du so mehr über die Menschen um dich herum erfahren kannst. Wichtig ist nur, dass du nicht krampfhaft an deiner Besonnenheit festhältst. Wenn dein Gegenüber etwas von dir erfahren möchte, solltest du diesem immer eine freundlichen Antwort erwidern können.

Sei besonnen!

GLÜCK KOMMT VON INNEN

Glück hat der Mann, der sein Leben
selbstbestimmt führt.
Man behandelt sich selbst so, wie es ei-
nem am ehesten gebührt.
Der Rat von Fremden dient meist nur
fremden Interessen.
Der gesegnete Mann wird sich daher nur
an sich selber messen.

Schon damals wusste man, dass wahres Glück nur von innen kommen kann. Dabei ist die Selbstbestimmtheit ein wichtiger Teil dieses Glückes. Auch wenn man sich immer irgendwo beugen muss, darf man die eigenen Interessen nie aus den Augen verlieren.
Damals war es der Jarl, dem man treu diente. Heutzutage ist es der Arbeitgeber, das Finanzamt etc.

So lautet Odins Rat, dich nie fremden Interessen zu verschreiben. Lebe dein eigenes Leben und passe es auf die äußeren Umstände an. Überlege dreimal, wann du jemandem einen Gefallen tust und was dich diese Tat kosten kann. Im Idealfall hilfst du einer anderen Person, wenn auch deine eigenen Ziele mit jener Handlung Hand in Hand gehen.
Das heißt jedoch nicht, dass du nie eine selbstlose Tat begehen solltest. Achte auf das rechte Maß und entscheide selbst, wann deine Interessen gewahrt werden.

Suche wahres Glück in dir selbst!

SEI MISSTRAUISCH

Gesegnet ist, wer seinen eigenen Verstand nutzen kann.

Schon viele Schlachten ein Mann mit dieser Gabe für sich gewann.

Misstrauen ist eine Kunst, die es daher zu erlernen gilt.

Sie zeichnet dir ein klares und stets ungetrübtes Bild.

In der Hochzeit der Wikinger musste man auf allerlei Gefahren Acht geben. Überfälle von fremden Stämmen, listige Betrüger oder auch Scharlatane brachten schon so manch einen Nordmann um sein Vermögen oder gar schlimmer: sein Leben.

Daher rät dir Odin, stets mit einem Funken Misstrauen neuen Menschen gegenüberzutreten. Diese Art der Vorsicht musst du dein Gegenüber nicht spüren lassen. Behalte nur im Hinterkopf, dass es nicht jeder Mensch gut mit dir meinen wird.
Dies gilt bis heute für zahlreiche Lebenslagen. Ein Verkäufer kann dich zu ungewollten Anschaffungen verführen, ein Partner dich betrügen, ein Arzt ein Kurpfuscher sein. Selbst dein engster Freund kann dich für Geld hintergehen.

Glaube aber nicht, dass jeder Mensch dir etwas Böses will. Sei stets offen, neue Kontakte zu knüpfen. Denke nur dreimal nach, was du wann wo gibst.

Sei misstrauisch!

VERSTAND ÜBER GOLD

Der Geist ist des Mannes wertvollstes
Gut.
Ein Goldsack ersetzt keinen Heldenmut.
Wer täglich wetzt seinen Verstand,
ist schnell als gewitzter Fuchs bekannt.

Schon damals wussten die Wikinger, dass es mehr als nur Gold bedarf, um im rauen Alltag bestehen zu können. Einen Überfall zu überleben, hing teilweise nur vom Verhandlungsgeschick der Opfer ab. Ebenso ging es auch Kriegsherren in der Schlacht: Was nützt die größte Streitmacht und die vollsten Kriegskassen, wenn man ein schlechter Stratege war?

In diesem Sinne will Odin dir raten, dich stets zu bilden, deine Erfahrungen auszubauen und das Leben eines klugen Asentreuen zu führen. Lasse dich nicht vom Glanz des Goldes trügen und sei wachsam. So wirst du zahlreichen Ärger im Keim ersticken.

Falle so nicht auf Bestechungsversuche herein. Lasse dich auch nicht von trügerischen Sportwetten oder zwielichtigen Verkäufern zu Taten verleiten, die du im Nachhinein bereuen könntest.

Lasse dich nicht von Materialismus blenden!

REISE NÜCHTERN

Humor und Verstand sind dem Reisenden
gutes Gepäck.
Alkohol im Blute verfehlt bei Märschen
seinen Zweck.
Drum lache viel und bleibe heiter,
Wasser bringt dich auf Reisen deutlich
weiter.

Auf langen Märschen konnte man damals schnell durstig werden. Daher tranken viele Wikinger auf ihren Reisen durch verschiedenste Länder Bier. Dieses war günstiger als Wasser und tatsächlich auch verbreiteter als Met. Schwer alkoholisiert waren die Nordmannen aber auch leichtere Beute für Banditen oder andere Feinde. Darum rät Odin, Wasser dem Bier vorzuziehen.

Damals wie heute dehydriert Alkohol deinen Körper. Daher ist dieser auf Reisen, egal ob zu Fuß oder mit einem Beförderungsmittel, wenig hilfreich. Dein vernebelter Geist wird sein Übriges dazu tun, dass du dich in der Fremde verlierst. Frisches und sauberes Wasser ist heutzutage leistbar und nahezu überall zugänglich. Versuche also, soviel wie möglich davon zu trinken, wenn du lange Fußmärsche vor dir hast.

Reise nüchtern!

TRINKE MAßVOLL

Im Gegensatz zur breiten Meinung,
ist der Met keinesfalls gesund.
Im Streite führt er nicht zur Einigung,
und am nächsten Tag der Schädel
brummt.

Wie schon erwähnt, war Bier damals quasi ein Grundnahrungsmittel. Auch der Met wurde viel konsumiert, hatte aber eine bedeutendere Rolle. Er wurde als Getränk der Götter, ein Geschenk der Asen, wahrgenommen.
Nichtsdestotrotz rät Odin dir, nicht zu viel Met zu konsumieren. Am Ende des Tages führt der alkoholhaltige Honigtrank auch zu ausgelassenerem Verhalten, was in Zwist enden kann. Darüber hinaus ist man mit dem süßen Getränk auch nicht vor einem Kater gefeit.

Daher solltest du Met nur zu Feiern und besonderen Anlässen trinken. Achte auch hier auf das rechte Maß.

Trinke maßvoll!

TAPFER UND BESONNEN

Einen kühlen Kopf ziert den freien Mann.
Er ist mutig im Kampfe und nicht bang.
Sein Naturell ist froh und heiter,
bis ihn holt der Totenreiter.

Im Kampfe seinen Mann zu stehen und dennoch ein besonnenes Gemüt an den Tag zu legen, ist sicher keine leichte Aufgabe. Weder für einen altehrwürdigen Nordmann, noch für dich. Dennoch solltest du danach streben, diesem weisen Rat Odins zu folgen.

Damals begegnete man sich noch in offenen Gefechten. Hier gewannen nur die tapferen Strategen, die dennoch einen kühlen Kopf bewahren konnten. Heutzutage trägst du deine Schlachten auf anderen Schauplätzen aus: auf der Arbeit, im Sport oder höchstens in einem Handgemenge nach einer Feier. In den allermeisten Fällen gehen diese Szenarien aber weit weniger blutig aus als die Schlachten der Wikinger. Die weisen Worte haben aber immer noch Relevanz. Mutig in eine Situation zu schreiten und dabei einen scharfen Verstand zu wahren, wirkt wahre Wunder. So wird zum Beispiel eine Gehaltsverhandlung zu deinen Gunsten ausgehen. Selbst in der Liebe sind Mut und Verstand eine unschlagbare Kombination.

Sei tapfer und stets besonnen!

DU BIST STERBLICH

Nur der Narr glaubt, er könne ewig leben.

Der Kluge würde nie danach streben.

Jeder Mann stirbt zu seiner Zeit.

Entweder ein Schwert oder das Alter haben ihn todgeweiht.

Verkrampft am Leben festzuhalten, führt in den meisten Fällen zu einem unglücklichen Leben. Sich der eigenen Sterblichkeit bewusst zu werden, ist daher ein essentieller Ratschlag von Odin an dich.

Wenn du dies einsiehst und jederzeit lebst, als könnte es dein letzter Tag sein, wirst du dir nie etwas vorwerfen müssen. Dabei spielt es keine Rolle, ob du intensive Nächte in vollen Zügen genießt oder wie besessen du an deinem nächsten Projekt arbeitest. Wichtig ist, dass du dir nie etwas vorwerfen musst. Man bereut schließlich nur die Dinge, die man nie erlebt hat.

Erinnere dich an deine Sterblichkeit!

UNGEHOBELT

Der Unhold starrt an fremden Tafeln her-
um,
Er redet wirr und benimmt sich dumm.
Sobald er geleert hat seinen Trunk,
sucht er im Rausch mit Gästen Stunk.

Niemand sollte sich so betrinken, dass er nicht mehr Herr seiner Lage ist. Natürlich ist dies damals wie heute keine Seltenheit. Wikinger waren bekannt für ihren Bier- und Metkonsum. Aber gerade deswegen rät dir der Allvater genau abzuwägen, welchen Eindruck du bei anderen Menschen hinterlässt.

Willst du bekannt sein als Trunkenbold, der sich nicht zusammenreißen kann, oder als scharfsinniger Gesprächspartner, der sein Maß kennt? Dieser Rat bedeutet schließlich auch, nicht nichts mehr zu trinken. Du musst nur wissen, wann du genug hast.

Benimm dich zu Tisch!

MENSCHENKENNER

Wer viel gereist und offen war,
der steht den Menschen äußerst nah.
So ein Mann kaum Feinde kennt,
und selten um sein Leben rennt.

Häufig und ausgiebig zu reisen erweitert deinen Horizont und lässt dich deutlich reifen. Das wussten auch schon die Wikinger, die vor allem für ihre langen Seefahrten in ferne Länder bekannt waren. Auf diesen lernten sie viel über fremde Kulturen kennen und nahmen zahlreiche Erfahrungen mit in ihre Heimat. Zu seiner Zeit war Haithabu einer der bedeutendsten Handelshäfen Europas, in dem die Wikinger Waren zum Tausch herstellten und zahlreiche Güter aus fremden Ländern importierten.

Auch heute solltest du dir an diesem regen Forschungsdrang ein Beispiel nehmen. Versuche, so oft es geht, neue Kulturen kennenzulernen. Reise auf andere Kontinente, lerne dort die Menschen und ihre Art zu leben kennen und probiere neue Dinge aus. All dies wird dich reifer und stärker machen, als du es dir selbst zutrauen würdest.

Reise viel!

ZURÜCKHALTUNG

Trinke Met in kleinen Mengen,
sonst wird Blödsinn die Vernunft verdrän-
gen.
Auch ein früher Schlaf ist nicht zu ächten,
er schützt dich vor zu kurzen Nächten.

Einen kräftigen Schluck Met zu sich zu nehmen, ist kein Verbrechen. Doch auch schon damals war den Nordmannen sehr wohl bewusst, dass dieser den Verstand benebelt. Zurückhaltung ist vor allem dann angebracht gewesen, wenn man sich in fremden Gegenden befand oder gar unter eines unbekannten Gastgebers Daches.

Ist der Verstand einmal von Dannen gezogen, kann man sich nur sehr schwer zur Wehr setzen. So lautet Odins Ratschlag auch hier: Trinke besonnen und gehe früh ins Bett.

Kurzum: Übe dich in Zurückhaltung!

SCHLINGE NICHT

Ein Gast, der sich zu Tisch nicht zügelt,
wird stets vom Maßvollen überflügelt.
Hohn und Spott folgen kurz darauf,
der Kluge nimmt dies nicht in Kauf.

Besonders bei den Wikingern wurde Gastfreundschaft sehr hoch gehalten. Sie war eines der höchsten Güter einer Sippe. So teilte man sein Dach, Nahrung und auch gute Gespräche miteinander. Wer sich hier als Gast maßlos verhielt und die Freundlichkeit ausnutzte, wurde schnell als Tor bekannt.

So lautet Odins Ratschlag an dich, ein guter Gast zu sein und die Bewirtung nicht zu überstrapazieren. Wenn du also das nächste mal auf eine Hochzeit, einen Geburtstag oder ein Essen mit den Eltern deines Partners eingeladen bist, denke an diese klugen Worte. Halte dich zurück und bleibe als gern gesehener und beachteter Gast in den Köpfen deiner Gastgeber.

Drum sei dir gesagt: Schlinge nicht!

DER NARR KENNT KEIN MAß

Wenn die Kuh genug hat gefressen,
sie kann das rechte Maß bemessen.
Nur der Narr kennt keine Grenzen,
er schlingt in gar unappetitlichen Kaden-
zen.

Wenn selbst eine Kuh maßvoller handelt als ein Narr, dann ist das Dasein als Narr sicher nichts Erstrebenswertes. Dies hängt unter anderem auch vom nimmersatten Verhalten eines solchen ab.

Egal, ob Nahrung, Geld oder andere wertvolle Güter: Der Narr will immer mehr davon und am besten immer so leicht wie möglich. Dass dieses Verhalten zu Konsequenzen führt, muss selbst Odin dir nicht erklären.

Nur der Narr kennt kein Maß!

NIEMAND IST FEHLERFREI

Der Narr, ja der glaubt, er irre nie.
Er hält sich für ein wahres Genie.
Dabei übersieht er ein wichtiges Detail:
Kein Mensch ist fehlerfrei.

Ein kluger Ásatrú weiß, dass er nicht fehlerfrei ist. Daher wird er stets hart an sich und seinen Fehlern arbeiten. Nur der Narr glaubt allen Ernstes, dass er in seinem Dasein vollkommen ist.

Daher rät Odin dir, dich immer an deine Fehlbarkeit zu erinnern. Du bist ein Mensch und kein Gott - und selbst diese haben schon den ein oder anderen Fehler begangen. Sei stets reflektiert und strebe danach, jeden Tag besser zu sein als den davor. Nur so kannst du dich weiterentwickeln und ein glückseliges und zufriedenes Leben führen.

Kein Mensch ist fehlerfrei!

SORGEN

Der Narr sorgt sich bis in die späte Nacht,
seine Gedanken haben ihn schon oft um
den Schlaf gebracht.
Die Übermüdung macht den nächsten Tag
nur rauer.
Eines ist der Narr aber immer noch nicht:
schlauer.

Schon damals wusste man, dass Sorgen einen im Leben nicht weiterbringen werden. Wenn sich ein Wikinger nur auf seine Probleme und nicht auf Lösungen konzentriert hätte, wäre so manche Seeüberfahrt sicher misslungen.
Daher rät dir Odin, dass du deine Sorgen ziehen lassen sollst. Eine schwere Last fällt so von deinen Schultern und du kannst leichtfüßig den Weg deines Lebens voranschreiten. Sicher ist dies leichter gesagt, als getan, aber wenn es so leicht wäre, wäre es sicher auch kein göttlicher Rat.

Lasse deine Sorgen ziehen!

FALSCHE FREUNDLICHKEIT

Der Leichtgläubige fällt schon auf das
erste Lächeln herein.
Denkt, er fände neue Freunde in seinen
Reih'n.
Dabei sind die Menschen heimtückisch
meist.
Drum sei vorsichtig, mit wem du redest
und speist.

Der erste Eindruck kann täuschen! Jeder Nordmann wusste, dass er nicht auf das Lächeln oder die warmen Worte eines Fremden hereinfallen sollte. Eine Falle oder List verbarg sich schon so manches Mal hinter einer harmlosen Fassade. Erst wenn man jemanden länger kennt und so manche Herausforderung durchgestanden hat, kann man Vertrauen aufbauen.

Dies galt damals genauso wie heute. Besonders in den Zeiten von Social Media spielen dir die Menschen eine Scheinwelt vor, die nicht real ist. Daher rät dir Odin, dich nicht auf die bloße Fassade eines Menschen zu verlassen. Ergründe einen Charakter und achte auf Unstimmigkeiten in Geschichten und Verhalten. Erst dann kannst du dir auch wirklich sicher sein, dass es jemand mit dir gut meint.

Hüte dich vor falscher Freundlichkeit!

FREUNDE IN DER NOT

Der Tor glaubt, jeder sei sein Freund.

Doch in der Not keiner seinen Weg frei räumt.

Wenn es brennt, zeigt sich das wahre Gesicht,

Denn zu helfen, ist des wahren Freundes Pflicht!

Erst im Auge des Sturms zeigt sich, ob du einen waschechten Freund an deiner Seite hast. Hält er zu dir, egal wie widrig die Umstände auch sein mögen? Viele falsche Freunde ziehen von Dannen, sobald die ersten Wolken den Himmel verdunkeln. Sei dir daher bewusst, dass du schneller alleine stehen kannst, als dir lieb ist.

Daher rät dir Odin, den Kreis deiner Sippe weise zu wählen. Ein echter Freund bleibt, egal wie stark es stürmt oder wieviele Pfeile hageln werden.

Das zeigt sich auch in der Neuzeit. Diejenigen, die mit dir einen Shitstorm durchstehen, an deiner Seite bleiben trotz einer Krankheit oder Armut, das sind deine waren Schwertbrüder- und Schwestern.

Freunde bleiben: auch in der Not!

Überschätzt

Der Narr hält sich selbst für Gott,
für die Schwachen hat er nichts über als Spott.
Doch ist er auf sich allein gestellt,
sieht man erst, wie tief er wirklich fällt.

Wenn du gut in etwas bist, dann gibst du damit nicht an. Hochmut kommt vor dem Fall. Sei also stets bescheiden und helfe allen in deiner Umgebung. Du weißt nie, wann du einmal durch schwere Zeiten gehen musst. In diesen sind dir all jene freundlich gesinnt, welche du mit Respekt und Anstand behandelt hast. Diejenigen, die du aber mit Abschätzigkeit und voller Hohn behandelt hast, werden dir sicher nicht helfen.

Viel schlimmer: Sie werden dir womöglich ein Bein stellen, wenn du sowieso schon am Straucheln bist. Sei also stets höflich, freundlich und hilfsbereit. Dann hast du sicher immer Männer und Frauen an deiner Seite, die dir auch in schweren Zeiten eine Unterstützung sind.

Überschätze deine Fähigkeiten nicht!

SCHWEIGEN IST GOLD

Wer in geselliger Runde wenig weiß,
ist gut beraten zu schweigen meist.
Nur der Narr redet vor sich her,
Einsicht zu seinem Unvermögen fällt ihm schwer.

Wissen ist Macht. Wem dieses fehlt, tut gut daran, aufmerksam den Alten und Klugen zuzuhören. Wenn du dich dennoch profilieren willst und dich einfach in Gespräche einmischst, kannst du schnell Hohn und Spott ernten.

Dieser Verlust an Respekt und Ansehen erschwert dir dein Leben unnötig. Der Schaden ist nur schwer reparabel. Denke also daran: Odin rät dir, öfter zuzuhören, wenn du im Kreise von Klügeren bist. Nur der Narr glaubt tatsächlich, dass sein Unsinn irgendjemanden interessieren könnte.

Lebe auf diese Weise, und du wirst zahlreiche Dinge lernen und eines Tages auch wie die Meister diskutieren können.

Schweigen ist Gold!

GERÜCHTEKÜCHE

Halte inne, bevor du etwas Wages
sprichst,
du weißt selten, in wessen Rücken du ge-
rade stichst.
Ist das Gerücht erst einmal gesät,
wird es vom Wind in tausende Richtungen
geweht.

Auf dünnes Eis begibt sich jener Nordmann, der böswillig oder unbeabsichtigt schlechte Nachrede betreibt. Woher weißt du, dass etwas wirklich stimmt? Vermute nicht, sondern rede nur über Dinge, die du tatsächlich weißt. Und selbst wenn deine Informationen über jemanden richtig sind, ist es meist unklug, schlecht über seine Mitmenschen zu reden.

Du wirkst dadurch schwach und heimtückisch. Darüber hinaus kann dir eine gekränkte Seele übel nachstellen und dir Unheil wünschen. Indem du dich zu anderen Menschen ausschweigst, vermeidest du Ärger und Gewalt. Odin rät dir daher, die Gerüchteküche nicht weiter zu befeuern. Koche dein eigenes Süppchen: Dies ist der Pfad zu einem sorgenfreien und gesunden Leben.

Verbreite keine Gerüchte!

PLAPPERMAUL

Wer seinen Mund schlecht zügeln kann,
und nicht schweigt dann und wann,
der hat oft selbst den Schaden.
Wieso sollte man solch ein Ärgernis wa-
gen?

Wenn du deine Gedanken auf der Zunge trägst, machst du dich berechenbar für deine Mitmenschen. Da nicht jeder immer gute Absichten im Schilde führt, kann dich das öfter in Schwierigkeiten bringen.
Lerne daher, öfter zu schweigen. Wer sich in Stille hüllt, ist mysteriös, schwer zu durchschauen und kann seinen Weg meist in aller Ruhe gehen.
Odin rät dir daher, öfter deinen Mund zu schließen und nicht jedem an deiner Gedankenwelt teilhaben zu lassen.

Sei kein Plappermaul!

VERHÖHNT

Wer spottet über einen geselligen Gast,
der hat bald zu tragen eine eigene Last.
Denn wer sich zu sicher wägt in der Runde,
geht vielleicht schon selbst bald vor die Hunde.

Spöttisch über einen Gast zu reden, ist mit eines der schlimmsten Dinge, die ein Nordmann tun konnte. Ein ehrwürdiger Wikinger verhöhnte niemanden, der den Schutz seiner vier Wände aufsuchte.

So etwas kann ein übles Nachspiel nach sich ziehen, ist aber mindestens kein respektvoller Umgang. Sei also ein guter Gastgeber, bewirte mit Anstand und schenke deinem unbekannten Gefährten ein offenes Ohr. Vielleicht lernst du sogar noch etwas. Man weiß nie.

Verhöhne nie deine Gäste!

SPOTT MACHT FEINDE

Wo über andere hergezogen wird,
kein Weiser sich hin verirrt.
Schnell schafft man sich so Widersacher,
auf das das eigene Leben nicht wird ein-
facher.

Jeder Wikinger wusste, dass spöttische Worte zu ernsten Problemen führen können. Ist erst einmal das Ehrgefühl eines stolzen Kriegers oder eines einflussreichen Kaufmanns beschmutzt, kann dies schreckliche Konsequenzen nach sich ziehen. Diese mögen sich in einer handfesten Auseinandersetzung oder anderen Repressalien ausdrücken. Doch soweit sollte es am besten gar nicht erst kommen.

Hüte dich also stets vor negativen Aussagen über deine Mitmenschen. Dabei spielt es keine Rolle, ob du jemanden etwas Gehässiges direkt ins Gesicht sagst oder hinter seinem Rücken tuschelst. Odin rät dir daher, dich an Folgendes zu erinnern:

Spott macht Feinde!

FRÜHSTÜCKE GUT

Iss morgens, als gäbe es kein Morgen mehr,
sonst plagt dich Stress, wenn dein Bauch ist leer.
Auch vor Festen und Feiern sollst du reichlich speisen,
sonst kannst du den spaßigen Aktivitäten keine Folge leisten.

Das Frühstück ist die wichtigste Mahlzeit des Tages. Das wussten auch schon die Wikinger. Daher aßen diese morgens ausreichend, um sich den Herausforderungen des Alltages stellen zu können. Ein gut gefüllter Magen versorgt deinen Körper mit ausreichend Nährstoffen, um dich zu heldenhaften Taten antreiben zu können.
Daher rät dir Odin, immer gut zu frühstücken. Eine ausreichende Nahrungsmittelaufnahme soll auch vor Feiern und Festen eine gute Idee sein. So hältst du lange Nächte voller Tanz und Spannung leichtfüßig durch.

Frühstücke gut!

WAHRE FREUNDE

Ein schlechter Freund ist immer fern,
auch wenn er nur 100 Schritte müsste
geh'n.
Der wahre Freund marschiert für dich
durch Sturm und Wind,
damit er dir Freude, Licht und Hoffnung
bringt.

Schon damals wusste man, dass Taten mehr zählen als Worte. Das gilt damals wie heute auch für Freundschaften. So fällt es einem reinen Bekannten schwer, sich für dich ernsthaft einzusetzen. Selbst die kleinsten Gefallen werden ihm schwer fallen. Er will dir dann lieber gut zureden und seine Arbeitskraft verweigern.
Echte Schwertbrüder- und Schwestern stehen dir jedoch immer zur Seite. Auch wenn dies schwere körperliche Arbeit für diese bedeutet, kennen deine Besten keine Grenzen, um dich zu unterstützen. Kein Berg ist zu hoch, kein Meer zu tief und kein Fluss zu breit, um dir zu helfen.

Wenn du erst einmal so jemanden gefunden hast, darfst du ihn nicht so einfach gehen lassen. Helfe deinem Freund, so wie er dir. Dann hast du auf ewig einen treuen Gefährten an deiner Seite.

Das ist wahre Freundschaft!

SEI KEINE LAST

Zeitig verlässt der gute Gast das Haus.
Lange zu bleiben, kann für den Gastgeber werden zum Graus.
Drum wisse, wann deine Zeit gekommen ist.
So wirst du wieder eingeladen und beim Abschied herzlichst vermisst.

Als reisender Nordmann war man auf Gastfreundschaft öfter angewiesen. Daher wussten die klügsten Wikinger, dass eben jene Beherbergung ein wertvolles Gut war. So riet Odin in den originalen Schriften des Hávamál, seine Gastgeber nicht zu belasten. Wer rechtzeitig das Gasthaus verließ und einen guten Eindruck hinterließ, wurde immer gerne mit offenen Armen empfangen und beim Abschied auch vermisst.

So handle wie die klugen Vorfahren und wisse, wann deine Zeit gekommen ist zu gehen. Egal, wie schön eine Feier auch ist: Irgendwann will selbst der partywütigste Gastgeber Ruhe im Haus einkehren lassen und zu Bett gehen. Lege also einen galanten Abgang hin und bleibe dauerhaft in guter Erinnerung.

Sei deinem Gastgeber keine Last!

SEI DEIN EIGENER HERR

Egal, wie klein dein Haus auch ist,
sei stolz, wenn du dein eigener Herr bist.
Ein eigenes Bett und Dach über'm Kopf
schützt vor Frust.
Es ist so viel schöner, wenn du nicht bet-
teln musst.

Schon in der Hochzeit der Wikinger wusste man, dass ein selbstbestimmtes Leben mehr Glück und Zufriedenheit mit sich bringt, als in Armut zu leben. So war das Ziel, egal unter welchen Umständen, eine kleine Hütte mit ein wenig Land besitzen zu können. Dies bezog sich entweder auf die nordischen Heimatländer oder auch fremde Gefilde wie East Anglia.
Dabei war es erstmal völlig egal, ob man prunkvoll lebte. Wichtig war, sein eigener Herr mit eigenem Vieh zu sein und seine Sippe selbst versorgen zu können.

Bis heute liegt in diesem Ratschlag viel Weisheit. Wenn du einem stabilen Job in einem stabilen Umfeld nachgehst, wirst du selbst stolz auf dich sein können. Selbst die kleinste eigene Einzimmerwohnung gibt dir mehr Selbstwertgefühl als der größte Palast, in dem du als fremder Gast nur geduldet wirst.

Sei dein eigener Herr!

SEI BEREIT

Halte deine Waffe stets dicht am Mann.
Du weißt nicht, wann sie dir noch helfen
kann.
Wenn du überfallen wirst auf freier Flä-
che,
zahlst du sonst hilflos dafür die Zeche.

In den Zeiten der Wikinger, die um 793 anfing, ging es äußerst rau her. Die Nordmannen stachen in ihren Drachenbooten zur See und überfielen allen voran das heutige England und Schottland. Wer die Sprache des Schwertes sprach, musste sich dementsprechend darüber im Klaren sein, dass man diese Worte öfter erwidern würde. So war es wichtig, jederzeit bereit für ein Scharmützel zu sein. So riet Odin im originalen Hávamál, das Schwert immer zur Hand zu haben. So konnte man nie von negativen Überraschungen überholt werden.

In der heutigen Zeit ist dieser Ratschlag durchaus differenziert zu betrachten. Die sicherste Interpretation dieses Gedichtes führt zu dem Gedanken, dass man seinen Verstand als Waffe stets geschliffen halten sollte. Denn auch dieser ist wie das Schwert ein formidables Werkzeug zur Verteidigung.

Drum denke stets daran: Sei bereit!

DIE GESCHENKE

Um ein Geschenk zu empfangen, bist du
nie zu reich.
Drum nimm` es an und bedanke dich
gleich.

Ein Geschenk abzulehnen oder abschätzig zu behandeln, beleidigte das Ehrgefühl eines jeden Schenkenden. Etwas Derartiges zu tun, kam einer Kriegserklärung gleich. Drum wusste jeder kluge Nordmann, eine Gabe, egal wie klein oder unangemessen sie auch erscheinen mochte, mit einem herzlichen Lächeln anzunehmen.

Darum rät dir Odin, dies den stolzen Wikingern gleich zu tun. Lehne auf keinen Fall ein Geschenk ab. Du kannst den Schenkenden damit unfassbar kränken und dir damit auch Allianzen verbauen. Damit wäre der Sinn des Geschenkes maßlos verfehlt. Noch schlimmer: Man könnte von dir denken, dass du dich für etwas Besseres hältst. Handle also respektvoll:

Lehne kein Geschenk ab!

GEIZ

Sei stets großzügig und geize nicht herum.
Spendierst du nie etwas, wird dir das genommen krumm.
Drum gib das Geld aus, das du erworben,
es kommt wieder: Mach dir darum keine Sorgen.

In dem Spannungsfeld der Wikinger konnte man sich nie sicher sein, ob es sich bei den Nordmännern mehr um Piraten oder Kaufleute handelte. Dies lag allem voran auch im Auge des Betrachters. Eines wussten die Klugen und Weisen des Nordens jedoch: Der erworbene Reichtum war nicht nur dazu da, um ihn zu horten. Ganz im Gegenteil musste man seiner Sippe, Gästen und Verbündeten oft und gerne Geschenke machen und diesen Freuden bereiten. So steigerte man das eigene Ansehen und schmiedete langlebige Allianzen.

Auch in der heutigen Zeit ist dieser weise Ratschlag des Allvaters gültig. Wenn du ein großzügiger Gönner bist, wird dies dein Umfeld bemerken. Hierbei musst du natürlich darauf achten, dass du dich nicht ausbeuten lässt. Aber mit dem rechten Augenmaß kannst du dir so eine große Zahl an Freunden und Verbündeten schaffen, die dich stets respektieren werden.

Drum denke daran: Sei nicht geizig!

GENEROSITÄT

Beschenke deine Freunde mit tollen Gewändern oder Waffen,
sie werden es dir danken mit anderen tollen Sachen.
So wächst eine Freundschaft wie ein stolzer Baum.
Derartige Bande gibt es heutzutage kaum.

Wie wichtig es ist, seinen Freunden zu zeigen, dass man sie wirklich schätzt, wusste man schon damals. Natürlich ist das füreinander Dasein, Zuhören und Helfen in einer Freundschaft wichtig. Doch auch materielle Aufmerksamkeiten vermögen eben jene Bande zu stärken. Die Nordmänner schenkten daher ihren Freunden und Verbündeten hochwertige Gewandungen oder kunstvoll geschmiedete Waffen. Diese Statussymbole waren Ausdruck höchster Wertschätzung und blieben dem Beschenkten lange im Gedächtnis.

Daher solltest du dir ein Beispiel daran nehmen und deinen engen Freunden stets besondere Freuden bereiten. Diese müssen auch nicht besonders teuer sein. Wenn du zum Beispiel Zeit in ein Geschenk steckst, wie etwa einen Geburtstagskuchen, wird dir das dein Gegenüber auch honorieren.

Drum sei zu deinen Freunden stets generös!

GLEICHES MIT GLEICHEM

Wenn dir ein Freund macht ein tolles Geschenk,
schenke zurück: So ist keiner gekränkt.
Doch wenn dir einer etwas Übles will,
werde rasend und sitze nicht still.
Zieh' deine Waffe und sorge für den Gegenschlag,
Auch wenn das bedeutet deines Gegenübers Todestag.

Der Ratschlag, Gleiches mit Gleichem zu vergelten, ist schon so alt wie die Menschheit selbst. Kein Wunder, dass auch die alten Wikinger nach diesem Motto lebten. Dabei wurde aber auch explizit erwähnt, dass man auch Gutes mit Gutem erwidern soll. Im Falle eines Angriffes würden die Nordmannen jedoch, ohne mit der Wimper zu zucken, zum Schwert und zur Axt greifen, um sich zu verteidigen.

Nimm dir daher den Ratschlag Odins zu Herzen. Schenke denen, die schenken, und bekriege diejenigen, die dich bekriegen. So schützt du dich, deine Sippe und deine Ideale.

Vergelte Gleiches mit Gleichem!

FREUNDSCHAFTEN

Liebe deines Freundes Freunde.

So entstehen Bande, von denen manch anderer nur träumte.

Doch hasse deines Feindes Freunde.

Falle über sie her wie der Wolf, der vor Wut schäumte.

Wer seine Sippe schützen wollte, musste Bande schmieden und seine Feinde kennen. Daher rührt der Ratschlag, sich mit den Freunden der eigenen Verbündeten gut zu stellen. So konnte man territoriale Ansprüche besser behaupten, mehr Handel treiben und sich auch besser gegen Feinde zur Wehr setzen. Genau deswegen war es auch ratsam, sich vor den Verbündeten seiner Gegner zu schützen. Je mehr die feindliche Sippe wuchs, desto bedrohlicher wurde das eigene Leben. Darum bekämpften die Nordmannen auch die Freunde ihrer Feinde bis aufs Blut.

Bis heute ist es sinnvoll, Freundesfreunde besser kennenzulernen. So können tolle Abende oder sogar Urlaube gemeinsam erlebt werden. Auch in schweren Zeiten hat man ein stabiles Umfeld. Die gehässigen Freunde deiner Gegner jedoch musst du aus deinem Leben verbannen. Freilich sollst du dies nicht mit Waffengewalt tun: Aber ein lockerer Spruch, der sitzt, hat noch niemandem geschadet.

Der Freund meines Feindes ist mein Feind!

AUF TRUG FOLGT TÄUSCHUNG

Der Mann, dem du nicht traust,
du aber dennoch brauchst,
umschmeichle mit all deinem Geschick.
Seinem Trug begegnest du mit Täuschung
und deinem Weitblick.

Schon die Wikinger wussten, dass sie manchmal Zweckbündnisse eingehen mussten. Manch eine helfende Hand griff, als man ihr den Rücken zudrehte, zur Axt. Daher war es wichtig zu wissen, wem man trauen konnte und wem nicht. Mit Weitblick und ausreichend Menschenkenntnis wusste ein Jarl, wann ihn ein vermeintlicher Verbündeter betrügen würde. Dennoch gab sich der schlaue Anführer dumm und umschmeichelte seinen falschen Freund, als ob er von nichts wüsste.
Auch heutzutage ist es schlau, sich dumm zu stellen. So werden dich deine Feinde immer unterschätzen. Auch besagte falsche Freunde kannst du so für deine eigenen Ziele nutzen. Sobald diese dann versuchen, dich auszunutzen, kannst du sie eiskalt erwischen.

Auf Trug folgt Täuschung!

GESELLSCHAFT

Allein ziehst du durch die Lande nur halb so stark,
als wenn du dich auf Bande einlässt mit Menschen, die du magst.
Am Ende ist der Mensch ein Herdentier,
der hochhalten muss das Wir.

Alleine zu gewinnen, ist nahezu unmöglich. Das wussten auch schon die Nordmänner. Egal, ob es um eine Schlacht, eine Seefahrt oder eine Landreise durch unbekannte Gefilde ging: Gefahren lauerten überall und jederzeit. Daher war es wichtig, in einer eingeschworenen Sippe zu reisen. Gute Männer und Frauen, auf die man zählen konnte, stärkten den Zusammenhalt der Gruppe und hielten einander den Rücken frei.
Dieser Teamgeist-Gedanke ist bis heute relevant. Wer in einer eingespielten Gruppe Aufgaben bewältigt, kommt schneller, besser und sicherer an sein Ziel. Dies gilt sowohl für den Arbeitsplatz, Sport oder auch private Ziele. Darum solltest du dafür Sorge tragen, ein motiviertes und vertrauenswürdiges Umfeld aufzubauen.

Eine starke Gesellschaft überkommt alle Hindernisse!

FURCHT UND GEIZ

Ein froher Geist reist frei durch diese Welt,
und spendiert nach Lust und Laune: Wie es ihm gefällt.
Nur der Narr hat Furcht zu jeder Zeit.
Er geizt unerlässlich, bis dass der Tod ihn weiht.

Glückliche und selbstzufriedene Menschen konnten schon immer freier durchs Leben kommen. Ein in sich ruhender Wikinger konnte Erfolge für sich verbuchen und dementsprechend auch sein Umfeld mit Gastfreundschaft und kleinen Geschenken erfreuen. Der freie Geist hat keine Sorge, ausgenutzt zu werden und weiß, wieviel er wann geben will. Ein engstirniger und ängstlicher Zeitgenosse hingegen fühlt sich immer benachteiligt und wird selten großzügig handeln. Ihm ist der Eigennutz immer wichtiger als ein gesundes Geben und Nehmen.
Daher solltest du dir an diesem Ratschlag Odins ein Beispiel nehmen und frei von Ängsten heiter durch die Welt schreiten.
Sei großzügig und gesellschaftsfähig. So wirst du viele Freunde finden und ein glücklicheres Leben führen.

Meide Furcht und Geiz!

KLEIDER MACHEN LEUTE

Wer weiß, wie er sich zu kleiden hat,
wird fürstlich empfangen in jeder Stadt.
Lumpen an dir schließen hingegen jene
Türen.
Sie werden dich nur zum Narren küren.

Ein Nordmann, der durch die Lande zieht wie ein heruntergekommener Straßenstreuner, wird auch als solcher wahrgenommen. Man unterstellte jenen Individuen schnell böse Absichten. Handelte es sich beim lumpig Gekleideten um einen Taschendieb oder gar einen mordlüstigen Räuber? Der gut gekleidete Wikinger hingegen wurde direkt mit offenen Armen in der Gaststätte oder dem ansässigen Jarl empfangen. So konnten erfolgreiche Handelsgeschäfte eingefädelt werden oder man erfuhr eine deutlich bessere Behandlung.

Auch du solltest dich daher nie schäbig kleiden. Das bedeutet auch nicht, dass du in den teuersten Marken umherwandern musst. Ein gepflegtes Äußeres, saubere Schuhe und gebügelte Gewandung reichen schon aus, um einen ersten guten Eindruck zu hinterlassen.

Kleider machen Leute!

ALLEINE

Ein einzelner Baum in Mitten eines Fel-
des verfault still und stumm.
So ergeht es allen einsamen Menschen
reihum.
Drum sorge für Gesellschaft um dich her-
um,
so bleibt deine Seele aufrecht und ver-
kümmert nicht schief und krumm.

Einsiedler waren auch zur Zeit der Wikinger eigenartige Gesellen. Manche waren besonders fromm und redeten tagtäglich mit den Asen. Man konsultierte diese Männer und Frauen gelegentlich bei wichtigen Entscheidungen. Im Alltag meidete man die Sonderlinge jedoch. Für diese am Rand der Gesellschaft stehenden Menschen gab es wenig Freude. Sie mussten ohne die Unterstützung der Sippen ihr Leben selbst gestalten. Ein harter Alltag und wenig sozialer Kontakt ließen eben jede Außenseiter oft vereinsamen.

Bis heute hat sich nichts an der Tatsache geändert, dass der Mensch ein Herdentier ist. Liebe, Zuneigung, Gespräche und Nähe sind so nötig wie die Luft zum Atmen. Daher solltest du dafür Sorge tragen, in einem intakten Umfeld zu leben. Pflege Freundschaften und kümmere dich um deine Familienangehörigen. Auch auf der Arbeit solltest du deinen Kollegen stets mit Anstand und Respekt gegenübertreten. So findest du auf Firmenveranstaltungen immer schnell Anschluss und bist ein wichtiger Teil einer jeden Gesellschaft.

Lebe nicht alleine!

TRÜGERISCHER FRIEDEN

Ein Waffenstillstand ist eine ehrenwerte Sache,

doch greift man meist schnell wieder zur Waffe.

Drum sei dir dieses Umstands stets gewahr.

Verlasse dich nicht auf trügerischen Frieden: sonst droht Gefahr!

Die Wikinger führten teils erbitterte Schlachten, die für beide Seiten aussichtslos erscheinen mochten. Daher war es nicht selten, dass Waffenstillstände ausgehandelt wurden. In dieser Zeit des vermeintlichen Friedens sammelte der kluge Kriegsherr jedoch seine Kräfte und Truppen, um zeitnah erneut zum Angriff anzusetzen. Nur der Narr verließ sich auf eine dauerhafte Friedenslösung. Selbst wenn man nur die besten Absichten hatte, war es ratsam die eigene Verteidigung wieder auszubauen und die Wunden zu lecken. So war man immer auf der sicheren Seite und konnte einen eventuellen Angriff mit Leichtigkeit abwehren.

Auch du solltest diese Strategie stets nutzen. Egal, ob in einem Streit mit einem Freund oder einer Auseinandersetzung auf deinem Arbeitsplatz: Halte dir immer einen Plan B offen und rechne mit einem heimtückischen Angriff deines Gegenübers.

Wisse um die Gefahren des trügerischen Friedens!

DIE KLEINEN DINGE

Freunde erringst du nicht nur mit großen
Gaben.
Auch an kleinen Geschenken können sich
die Menschen laben.
Es reicht ein geteilter Becher voller Met,
und eine neue Freundschaft erblüht und
lebt.

Wer glaubt, er könne Freundschaften nur mit großen Gesten und teueren Geschenken pflegen, der ist ein Narr. Es sind die kleinen Dinge, die man auch schon zur Zeit der Wikinger zu schätzen wusste. Ein hungriger Reisender freute sich immer über eine warme Mahlzeit. Dabei spielte es keine Rolle, was auf den Tisch kam. Man freute sich über das, was man bekam. Der Gedanke zählte.

Auch du solltest dich stets daran erinnern. Es sind die kleinen Gesten, die deine Freunde an dir schätzen. Ein offenes Ohr zur rechten Zeit, ein guter Ratschlag in einer schwierigen Situation oder auch ein selbst gebackener Kuchen zu einem Feiertag sind manchmal wertvoller als all dein Hab und Gut. Drum, erinnere dich:

Es sind die kleinen Dinge, die zählen!

ENGSTIRNIG

Der Geist der Engstirnigen ist kaum grö-
ßer als ein Kieselstein.
Sie schauen nicht über'n Horizont und
verpassen so des Lebens Sonnenschein.

Der Nordmann, der alles Neue fürchtete und die Welt mit Scheuklappen betrachtete, konnte nie Ruhm und Reichtum erlangen. Ein solcher Kleingeist wäre nie zu neuen Gefilden aufgebrochen oder hätte ruhmreiche Schlachten gefochten. Auch die fleischlichen Gelüste wären bei ihm sicher zu kurz gekommen.

Das Gleiche gilt auch bis heute. Wenn du alles und jedem erstmal misstrauisch gegenüber stehst, wirst du nichts erleben. Du verpasst womöglich eine legendäre Party oder die Frau deiner Träume. Drum erinnere dich an Odins Worte und wandere mit einem freien Geist durch die Welt.

Sei nicht engstirnig!

DAS RECHTE MAß

Wer das rechte Maß im Leben hält,
geht unbeschwerter durch die Welt.
Das Übermaß ist keinem Mensch geheuer,
extreme Taten bezahlt man immer teuer.

Egal, wie gerne ein Wikinger auch trank, irgendwann schlug zu viel Met auch dem wildesten Berserker zu Magen. Dasselbe galt auch für allzu tollkühne Seefahrten oder zu großen Schlachten. Der Nordmann, der seine Grenzen nicht kannte, verlor schnell sein Gleichgewicht oder schlimmer noch: seinen Kopf. Drum kamen nur diejenigen gut durch das dunkle Zeitalter der Wikinger, die immer auf das rechte Maß achteten.
Auch du solltest dich selbst nicht überschätzen. Das gilt für deinen Alkoholkonsum genauso wie für alle anderen Bereiche deines Lebens. Zu viel Sport kann dich deine Gesundheit kosten. Zu viele Kämpfe, egal ob in einem Pub oder vor einem Gericht, werden dein Leben unnötig viel schwerer machen.

Halte das rechte Maß!

DER ZWEIFLER

Sei kein Zweifler dieser Tage,
Unsicherheit ist eine Plage.
Sei klug und stets entschlossen,
so stehen dir wahrhaft alle Türen offen.

Der Berserker, der auf dem Schlacht zögerte, verlor seinen Kopf. Der zögerliche Seefahrer, der zu fernen Ufern aufbrach, verlor sich und seine Mannschaft schnell in einem Sturm. Mit sich selbst zu hadern und wichtige Entscheidungen aufzuschieben, endet nahezu immer in einer Katastrophe.
Daher solltest du stets entschlossen und voller Mut Aufgaben bewältigen. Schiebe auch schwere Entscheidungen nicht vor dir her. Sprich` mit klugen Worten Probleme schnellstmöglich an. Gehe auf die Frau oder den Mann deiner Träume zu und erobere Herzen. Nur der Narr zögert und lebt unglücklich. Drum denke daran:

Zweifle nicht!

DER FUNKE DES GEISTES

Der Funke, der fliegt ins Stroh,
entzündet ein riesiges Feuer lichterloh.
Drum lausche weisen Leuten stets ge-
spannt.
Ihre Worte entfachen eine Flamme, die dir
vorher nicht war bekannt.

Die erfolgreichsten Kriegsherren und Häuptlinge der Wikinger waren meist auch gute Zuhörer. Sie lernten sowohl von ihren Freunden als auch Feinden und nutzten das gesammelte Wissen zu ihren Gunsten. So konnten Schlachten gewonnen und dauerhafter Frieden geschlossen werden.
Auch du solltest so handeln. Höre deinem Umfeld genau zu. Dies gilt insbesondere, wenn du dich in einer Gruppe erfahrener Männer und Frauen befindest. Lausche ihren Geschichten und Ausführungen gespannt zu und stelle kluge Fragen, wenn es sich anbietet. Auf diese Weise wächst du über dich selbst hinaus und wirst jeden Tag ein Stückchen besser.

Lasse den Funken des Geistes auf dich überspringen!

IM MORGENROT ZUM KAMPFE

Wer fremde Herrscher will bezwingen,
wird am ehesten im Morgenrot gewinnen.
Der faule Wolf reißt auch kein Schaf,
wenn er zu lange liegt im Schlaf.

Früh aufzustehen, mag schwer fallen, kann aber über ganze Kriege entscheiden. Dabei spielt es keine Rolle, ob man den Feind im Morgenrot überraschte oder einfach nur der Erste war, der in den Jagdgründen auf der Pirsch lag.

Bis heute kennt man das Sprichwort „*Der frühe Vogel fängt den Wurm*“. Daher solltest du dir diesen Ratschlag Odins definitiv zu Herzen nehmen. So holst du das Beste aus deinem Tag heraus. Du hast mehr Zeit zur Vorbereitung, auf das, was vor dir liegt, kannst Sport treiben, den Haushalt morgens erledigen oder in Ruhe den Asen huldigen. Was auch immer du mit der dir gegebenen Zeit morgens anfängst: Es ist die Chance, dein Leben zu bereichern.

Wache zur Morgenröte auf!

VORAUSSICHT

Der weise Mann weiß stets, wieviel Holz
er braucht,
damit nie die Kälte durch sein Heime
haucht.
Drum schau voraus und kalkuliere genau,
niemand leidet, wenn er handelt schlau.

Zur Zeit der Wikinger hing das Überleben oft von klug voraus-geplanten Entscheidungen ab. Nur wer sein Holz richtig ratio-nierte, Vorräte sammelte oder genug Fälle im Sommer bearbei-tete, konnte einen harten Winter überstehen. Das Gleiche galt auch für Schlachten oder lange Seefahrten in ferne Länder. Pla-nung ist das halbe Leben. Dies galt sowohl damals als auch heute.

Auch wenn du im 21. Jahrhundert in einer deutlich besseren Versorgungslage lebst, solltest du deine Schritte und dein Han-deln genauestens planen. So sparst du bei der Arbeit wertvolle Zeit oder vergisst nichts in deinem nächsten Urlaub. Auch Fei-ertage, Geburtstage deiner Liebsten und andere Anlässe gelin-gen dir so auf spielerische Weise. Dafür wird dich dein Umfeld gleichermaßen bewundern als auch schätzen.

Drum handle mit Voraussicht!

SCHAMGEFÜHLE

Gehe aufrecht und ohne Scham zum
Thing,
auch wenn du nicht trägst einen goldenen
Ring.
Niemand sollte sich selbst verleumden,
weder vor Fremden noch vor Freunden.

Egal, ob zu einem Fest oder dem Thing: Ein echter Nordmann war sich selbst immer bewusst, welchen Wert er hatte. Nicht alles Vermögen glänzt oder lässt sich in Gold aufwiegen. Kampfkraft, eine kinderreiche Familie oder ein scharfer Verstand sind ebenfalls wertvolle Eigenschaften, die ein Gegenüber nur nicht auf den ersten Blick erahnen kann.
Diesen Rat solltest du dir daher auch zu Herzen nehmen. Kein Kind Odins ist weniger wert als das andere. Messe dich nicht mit anderer Reichtum oder Talente. Sei dir selbst bewusst, was dein Wert in dieser Welt ist und stehe dazu. So wirst du ein langes und glückliches Leben führen können: frei von Eifersucht und Neid.

Schäme dich nicht für dich selbst!

VERSCHWIEGENHEIT

Wer etwas für sich behalten kann,
ja das ist ein wahrer Mann.
Geheimnisse sind wie ein kleines Kind,
du musst sie beschützen entschlossen und
bestimmt.

Integrität ist eines der höchsten Güter, die ein Mensch für sich inne haben kann. Vertrauenswürdigkeit ist quasi unbezahlbar. Wer diese Werte für sich hoch hält, ist daher auch unbestechlich. Wer ein vertrauenswürdiger Nordmann war, hatte die Chance, seinem Jarl treue Dienste zu erweisen und selbst zu Achtung und Wohlstand zu kommen. Doch auch vor seinen Freunden und seiner Sippe konnte der wahrhaft Loyale glänzen. Gleichzeitig kannte ein solches Individuum die Geheimnisse von zahlreichen Herrschern, Weisen und anderen Würdenträgern.

Daher empfiehlt es sich, auch für dich in der heutigen Zeit verschwiegen zu sein. Du kommst so an Informationen, die anderen vorenthalten bleiben. Wissen ist Macht. Verschwiegenheit ist eine Eigenschaft, durch die du also besonders viel Macht ansammeln kannst. Darüber hinaus wirst du beliebt und gefragt bei deinen Mitmenschen sein.

Merke dir also: Sei verschwiegen!

DIE MACHT

Missbrauche deine Macht nie und nimmer,

sonst wirst du Rache fürchten immer.

Niemand ist allen Menschen überlegen,

du wirst immer einem Stärkeren begegnen.

Wer zur Zeit der Wikinger Machthaber war, lebte grundsätzlich ein privilegiertes Leben. Die Jarle hausten in den prächtigsten Häusern, hatten Gold und deren Wort war in nahezu allen Fällen Gesetz. Wer seine Macht jedoch ausnutzte und seine eigene Sippe ungerecht behandelte, fand sich schnell in einem Duell wieder. Jarl blieb nämlich nur derjenige, der sich vor Herausforderern behaupten konnte. Die eigene Sippe zu unterdrücken, konnte daher schnell blutig ausgehen. Dies galt allem voran, wenn man sich selbst und seine Fähigkeiten massiv überschätzte. Niemand ist unbesiegbar und nur ein kleiner Fehler kann einem den eigenen Wohlstand oder sogar das Leben kosten.
Bis heute solltest du dir daher ins Gedächtnis rufen, dass auch du nicht unfehlbar bist. Wenn du eine Machtposition bekleidest, nutze diese, um Gutes zu tun und die Werte von der Hávamál zu leben. Lasse dich nicht auf Schlachten ein, die du nicht gewinnen kannst. Sei selbstreflektiert und scharfsinnig.

Nutze deine Macht weise!

SEI PÜNKTLICH

Komme früher, als erlaubt,
und das Bier ist noch nicht gebraut.
Komm zu spät zum vereinbarten Ort,
Speis und Trank sind schon fort.
Nur der pünktliche Gast labt sich an so manchen Freuden,
und weiß seine wertvolle Zeit nicht zu vergeuden.

Pünktlichkeit war schon immer eine Tugend. Dies galt auch für die oft als barbarisch dargestellten Wikinger. Traditionen und deren Pflege waren den Nordmannen sehr wichtig. Dies galt ebenso auch für die Gastfreundschaft. So verwundert es kaum, dass Odin im Originaltext der Hávamál zur Pünktlichkeit rät. Weder zu früh noch zu spät zu kommen, zeugt von Höflichkeit und vor allem Respekt gegenüber dem Gastgeber. Dabei spielte es keine Rolle, ob man einem Jarl, dem Dorfältesten oder einem Freund aufwartete.

Auch heute noch solltest du dich an diesen Ratschlag halten. So fällst du niemandem zur Last und bleibst positiv in Erinnerung.

Sei pünktlich!

DER GERNGESEHENE GAST

Wertgeschätzt wird der Gast,
der nicht alles frisst in seiner Hast.
Der Wertgeschätzte, dass weiß Jeder-
mann,
hinterlässt mehr, als er nahm.

Als Gast aufgenommen zu werden, ist stets mit einem Aufwand des Gastgebers verbunden. Eine warme Mahlzeit, ein heißes Feuer und ein kuscheliges Bett verursachen immer Arbeit. Daher wussten die Wikinger schon damals, dass man mit derlei Gastfreundschaft respektvoll umgehen muss. So isst man nicht alles leer, was auf den Tisch kommt. Ebenso hilft man seinem Gastgeber, so gut es geht: Man muss nicht unnötig zur Last fallen.

Das gilt bis heute. Wenn du eingeladen wirst, dann bringe ein kleines Gastgeschenk mit. Wenn es sich anbietet, hilfst du beim Essen Zubereiten, Abwaschen, Bett Beziehen oder anderen Aufgaben. Denke daran:

Nur ein höflicher Gast ist ein stets gern gesehener Gast.

WAHRES GLÜCK

Wahres Glück erfährt man durch Wärme:

Sonne, Feuer oder eine heiße Therme.

Halte dich ebenso fit und ohne Schmerzen.

Auch Gesundheit macht froh im Herzen.

Was macht glücklich? Dieser Frage gingen schon die alten Wikinger nach. Da das Leben im hohen Norden oft von eisiger Kälte geprägt war, spielte auf jeden Fall Wärme eine große Rolle. Ein Lagerfeuer oder sogar ein gut geheiztes Heim waren eine wahre Wohltat für die kalten Glieder - und somit reinstes Glück auf Erden. Das Gleiche galt natürlich auch für körperliche Fitness. Nur wer sich in Form hielt und sportlich war, konnte den Herausforderungen des Alltages trotzen. Dazu zählte die Jagd, das Fischen, Marschfestigkeit und natürlich auch die Kampfkraft.

Sowohl Wärme als auch körperliche Gesundheit sind bis heute Dinge, die uns glücklich machen können. Deswegen solltest du auch heute noch auf Odins Ratschlag hören und dich fit und gesund halten. Auch ein Dach über dem Kopf zu haben, ist purer Luxus. Vielen Menschen auf der Welt ist der Zugang zu fließendem Wasser und einer warmen Bleibe bis heute nicht gewährt. Drum denke daran:

Das ist wahres Glück!

Keiner ist gänzlich arm

Egal, wie schlecht es einem gehen mag,
es gibt immer einen Grund für eines Her-
zens Schlag.
Der eine ist stolz auf seine Kinder,
der andere wiederum auf seine Rinder.
Ein ganz anderer liebt nur sein Geld,
einem jeden, wie es ihm gefällt.

Armut liegt im Auge des Betrachters. Das wusste man auch schon zur Zeit der Wikinger. Manch einer schätzte sich reich, weil er viel Nachwuchs hatte. Eine große Sippe ist stark und kann sich dementsprechend verteidigen. Ein anderer wiederum war reich an Vieh, welches ihm Gold und Nahrung im Überfluss bescheren konnte. Ein ganz anderer war vielleicht arm an materiellen Gütern, konnte aber mit seiner Weisheit und seinem Wissen glänzen.

Auch in der Neuzeit solltest du dies im Kopf behalten. Nur weil jemand keine Statussymbole besitzt, beutetet dies noch lange nicht, dass dieser Mensch nichts zu bieten hat. Hüte dich vor Vorverurteilungen.

Keiner ist gänzlich arm!

LIEBER ARM ALS TOT

Glücklich ist selbst der ärmste Mann,
wenn er noch seinen Herzschlag fühlen kann.
Nichts nützt das Schloss und all das Geld,
wenn man lebt in eisig Helheim; der Unterwelt.

Schon damals wusste man, dass Geld allein nicht der Schlüssel zum Glück ist. Wer stets seine Sippe und die Götter ehrte, war häufig reicher als so mancher Jarl, der sich nur über seine Besitztümer definierte. Um derartigen Reichtum anzuhäufen, musste man in der Hochzeit der Wikinger auch damit rechnen, sich echte Todfeinde zu schaffen. Dies konnte auch schnell mit einer Axt im Kopf enden. Dass Odin selbst diesen Ratschlag erteilt, lässt auch tief in die Gedankenwelt des Allvaters selbst blicken.

Auch heute noch solltest du daher auf deine inneren Werte bauen. Glück kommt von innen. Was nützt dir das teuerste Auto oder das größte Haus, wenn du schwer erkrankst? Strebe daher auch nach innerem Frieden. Ehre deine Familie, deine Götter und schätze dein Leben. So wird dein Erbe das eines ruhmreichen Ásatrú sein.

Lieber arm als tot!

NACHWUCHS

Kinder hat man lieber spät als nie,
drum fall' bei Schwangerschaft deiner
Frau auf die Knie.
Wer als deine Nachkommen sollen dich
sonst ehren?
Um dein eisiges Grab wird sich kein an-
derer scheren.

In der Frühzeit der Wikinger gab es keine Staaten. Familien waren die einzige Schutzmacht, auf die sich die Nordmänner und -frauen berufen konnten. Daher war es von äußerster Wichtigkeit, Nachwuchs zu bekommen und die eigene Sippe so zu vergrößern und zu stärken. Die Jungen konnten sich um zahlreiche Belange kümmern. Unter anderem pflegten sie auch die Alten und Weisen.

Bis heute hat sich an diesem sozialen Geflecht nichts verändert. Darum müssen auch die Kinder für die Pflege der Eltern teilweise finanziell aufkommen. Sorge also dafür, Nachwuchs zu bekommen. Kinder bringen nicht nur Glück und Stolz in dein Leben, sondern können sich auch irgendwann um dich kümmern. Lange nach deinem Tod werden sie ihren eigenen Kindern von deinen Taten berichten und dein Erbe lebendig halten.

Zeuge Kinder!

ARMUT IST KEINE SCHANDE

Du denkst, dass sich jeder Reiche beneh-
men kann?
Geld brachte manch einen Narren um sei-
nen Verstand.
Armut ist bei weitem keine Schande,
vor allem wenn du nie vernachlässigst
deine Freundschaftsbande.

Das Vermögen eines Menschen sagt nichts über seinen Charakter aus. Das galt zur Zeit der Wikinger; und auch heute noch. Loyalität, Gastfreundschaft, Benehmen und Intelligenz haben nichts mit der Dicke deines Goldsacks zu tun. Es sind Tugenden, die man leben muss. Drum denke daran: Nicht jeder Reiche ist ein Heiliger und nicht jeder Bettler ein Narr. Das gilt sowohl für dich als auch für deine Mitmenschen.

Drum denke daran: Armut ist keine Schande!

RUHM

Irgendwann zerfallen Knochen in der
Erde.
So bist du selbst verantwortlich für dein
Erbe.
Warst du immer für ruhmreiche Taten be-
reit,
bleibt bestehen dein Ruf zu aller Zeit.

Bis heute kennt man die Namen zahlreicher Nordmannen: Björn Eisenseite, Ivar der Knochenlose, Rollo und Erik der Rote sind bis heute vielen Menschen ein Begriff. Lieder, Bücher und sogar Filme wurden über die Taten dieser besonderen Wikinger verfasst. Sie alle strebten danach, große Taten zu vollbringen. Diese Taten klingen bis in unsere Neuzeit nach.

Darum rät dir Odin, stets nach wahrer Größe zu streben. Sei mutig und entschlossen, auch gegen den Strom zu schwimmen. Nur so kannst du dein eigenes Vermächtnis erschaffen. Wer weiß: Vielleicht wirst auch du in die Geschichte der Menschheit eingehen?

Strebe nach Ruhm!

Ich hoffe du hattest viel Freude mit deiner Ausgabe der **Hávamál**!

Weitere tolle Bücher, Schmuck und mehr rund um nordische Mythologie findest du online auf **www.asaheill.com**. Scanne dazu einfach den QR-Code und sieh dich ein wenig um.

Mit dem Code **HA-10** erhältst du sogar **10% Rabatt** auf deine nächste Bestellung in unserem Online-Shop.

Scanne mich jetzt!